L'ÂME EN RONCES

ELORRI RECART

© 2024, Elorri Récart
instagram : crise_existentielle

© Illustrations par Milledya & canva
instagram : @coeurcupid

Correction par Cloé Hervieux
instagram : @cloehervieux

Tous droits réservés.

Le Code de la propriété intellectuelle et artistique n'autorisant, aux termes des alinéas 2 et 3 de l'article L.122-5, d'une part, que les « copies ou reproductions strictement réservées à l'usage privé du copiste et non destinées à une utilisation collective » et, d'autre part, que les analyses et les courtes citations dans un but d'exemple et d'illustration, « toute représentation ou reproduction intégrale, ou partielle, faite sans le consentement de l'auteur ou de ses ayants droit ou ayants cause, est illicite » (alinéa 1er de l'article L. 122-4). Cette représentation ou reproduction, par quelque procédé que ce soit, constituerait donc une contrefaçon sanctionnée par les articles 425 et suivants du Code de la propriété intellectuelle.
Edition : BoD - Books on Demand, info@bod.fr
Impression : BoD - Books on Demand, In de Tarpen 42, Norderstedt (Allemagne)
Impression à la demande
ISBN : 978-2-3225-4126-3
Dépôt légal : juillet 2024

l'âme en ronces

l'écriture de mon passé m'ouvrira peut-être les yeux sur ce qui peut être bon ou pas pour moi dans le futur. car oui, j'ai certes un passé, mais je souhaite de tout cœur avoir un futur. avoir un futur qui me comble, qui me correspond, qui donne un sens à mon passage ici

en souhaitant que ma plume vous influe doucement vers le soleil des beaux jours

jour de deuil et jour de suie

l'âme en ronces

les battements de ton cœur
ont cessé leur ballet
tu as tiré le rideau
pour une nouvelle vie
mes larmes
coulent les cinq océans
mon cœur
en myriade de fragments
les songes me hantent
comment vivre de souvenirs

l'âme en ronces

tu as emporté un peu de moi dans le gîte de tes bras

l'âme en ronces

pas un geste, un mot, un murmure ni souffle
qui brise l'armure seule l'absence

ton absence

l'âme en ronces

à ce puzzle que tu n'as jamais pu finir

l'âme en ronces

j'ai quelque chose à la gorge, une douleur s'y loge. les larmes voudraient se glisser le long de mon visage mais il se tourne vers les nuages. cela reste en dedans, dans mon cœur tout est là

ce soir, je pense à tout
ce soir, je pense à toi

l'âme en ronces

j'entends encore nos fous rires transpercer le jour,
transpercer la nuit et me transpercer à jamais

l'âme en ronces

tu vis autant en moi qu'au ciel, tu reposes
autant dans mes souvenirs que sous t
                                              e
                                            r
                                             r
                                              e

l'âme en ronces

tu ne faneras point
tu demeureras enracinée dans mon cœur

l'âme en ronces

je te cherche la nuit, le jour, dans mes
rêves, entre les étoiles quand le ciel est
azur, ambre, ébène ou en larmes

l'âme en ronces

tu es partout, dans chaque bribe de souvenir, dans chaque étape de ma vie tel ce nuage qui accompagne chaque tempête

une trace de toi s'évapore du temps

l'âme en ronces

il reste toujours un peu de toi dans
mes battements

quelque part

l'âme en ronces

depuis toujours
je te respire
par le cœur

tu gis là
au fond de ma poitrine

l'âme en ronces

lorsque je dis ton nom, je vois le ciel au dessus
des nuages et il fait beau quelques instants

l'âme en ronces

ce n'est pas une défaite, tu étais un ange échoué sur terre. ton âme était si belle que Dieu t'a réclamée à ses côtés

l'âme en ronces

mon cœur me parle de toi
quand je n'ai plus les mots pour

je t'aime en peine

l'âme en ronces

aide-moi à relever la tête, fleurir mes pensées
j'ai l'amour en deuil

17.03.1943
07.08.2006

14.04.1960
19.02.2011

01.01.1934
17.02.2017

29.01.1974
31.12.2022

06.07.1937
14.01.2023

bouquet de pleurs

l'âme en ronces

il m'a dit

j'abandonne désormais ton tourbillon, ta vie est trop lourde pour nous deux

puis, il est parti

l'âme en ronces

à quoi bon continuer ?

on voit bien que cela ne nous mène à rien à part à un vide. un trou béant au milieu de nos cœurs, qui s'aiment, mais qui pourtant ne se complètent plus

mes yeux sont des puits d'eau

j'ai vécu ton départ comme on se noie dans l'eau, l'air masqué et hagard, puis le cœur en lambeaux

l'âme en ronces

on s'est rencontré

trop tard dans nos vies,
trop tôt dans nos cœurs

l'âme en ronces

j'ai comme
un trop-plein d'émotions
une douleur
brutale
une douleur
d'amour
une douleur
de peur
une douleur
de nous

l'âme en ronces

as-tu idée des dégâts que tu as causés en partant ?

J'ai arraché les souvenirs restés greffés à mes pupilles. J'ai gerbé des litres d'amour restés coincés dans mes intestins. J'ai senti mes poumons se compresser, mon cœur se serrer. Je me suis vue, détruite, défaillir sans ta présence à mes côtés. J'ai vécu dans l'obscurité, j'ai affronté mes peurs, je me suis cognée partout, j'ai dégueulé, avorté nos belles promesses, bref j'ai crevé. J'ai fumé et bu bien plus que de raison, pour oublier t'avoir aimé, j'étais avec Dépravation jour et nuit, mais elle ne m'a pas achevée. J'ai essayé de comprendre. Pourquoi. Je me suis posé des questions, des tonnes. Jamais les bonnes. J'ai cherché des explications, j'ai émis des hypothèses. En vain. J'avais oublié la douleur, celle qui germe sous l'épiderme et ressort par chacun de nos pores. J'en ai pleuré des larmes acides qui marquent à jamais, j'ai voulu crié ton nom au désespoir, mais mon cœur planté dans mon larynx m'en a empêchée. Tuée par des émotions assassines : la Haine, l'Espoir, le Manque, l'Amour, une razzia de désillusions qui s'est abattue sur moi et ta voix qui ne me quitte pas.
Je suis restée dans le noir pendant des mois entiers, j'ai eu peur du soleil, de la vie sans toi.

l'âme en ronces

je m'étais dit que je ne t'écrirais plus, que je garderais en moi le poids de cette tristesse, que j'accepterais « l'absence »

enfin

tourner une page la dernière

mais
aussi fort que je l'ai souhaité

ce qu'il me reste de toi c'est ce goût amer

l'âme en ronces

j'ai peur de toi sans moi et d'un nous disparu

l'âme en ronces

tu m'as oubliée

en tournant la page

mais tu n'as pas su

qu'elle s'était écorchée

en étreignant

mon cœur brisé

l'âme en ronces

j'ai la sensation qu'on m'a arraché le dernier bout de cœur qu'il me restait dans la poitrine

écorchures

l'âme en ronces

j'ignorais que l'on pouvait
sentir le froid
quand on se tenait chaud
comme j'ai cru
à l'impossible dans
tes bras

l'âme en ronces

depuis que tu es parti, j'ai comme un vide.
un de plus, j'ai le cœur rempli de vide

l'âme en ronces

je ne suis qu'une rose oubliée sur un cœur fracturé

l'âme en ronces

dans le recoin
de mon miroir
dans l'étincelle
de mon regard
sous un pli
de mes draps
dans ma mémoire
tu es partout

l'âme en ronces

un grand vide
une absence
un lien qui refuse
de se rompre
le cœur encore
attaché à toi
aux débris
de notre histoire

l'âme en ronces

où fleurissent les roses maintenant ?
celles que ton soleil éclairait en moi

l'âme en ronces

pourquoi ma tête et mon cœur

ne s'entendent jamais ?

l'âme en ronces

je me suis perdue quelque part entre toi et moi,
à travers le temps, à travers nos vies

l'âme en ronces

une simple rupture, dis-tu ?

ce fut le dernier envol de l'oiseau du bonheur

l'âme en ronces

j'ai essayé de t'oublier, en vain, tes lèvres sont comme un refrain

sans fin

l'âme en ronces

dis-moi comment vivre
avec les cendres
de notre histoire
alors que pour moi
notre amour
n'était pas destiné
à s'éteindre

l'âme en ronces

malgré le temps qui passe
rien n'arrive à éteindre
cette flamme que
par un matin
tu as laissé allumée
derrière toi

l'âme en ronces

j'ai perdu tous mes espoirs entre tes belles promesses et tes insupportables absences. c'est là que le bât blesse. n'attends plus rien, tu as déjà tout eu

l'âme en ronces

il ne reste plus rien de toi dans mes pas,
plus rien de nous dans mes battements

l'âme en ronces

l'aurore apparaîtra sous la caresse du vent, pour d'autres sensations, d'autres sentiments. et sur le rivage d'une mer déchaînée, j'irai ensevelir le dernier fragment de notre lien à présent devenu désuet

l'âme en ronces

j'aurais voulu que notre histoire se termine autrement

notre histoire, nos désirs, nos envies

qu'on aille jusqu'au bout de nos rêves

l'âme en ronces

tu es celui qui m'a appris qu'il existe des
bonheurs qui ne reviennent jamais

l'âme en ronces

il n'y a plus de roses, plus de pétales, plus de fleurs. il ne reste que les bourrasques qui soufflent sur mon cœur

l'âme en ronces

laisse mes nuits vides de toi
évade mon esprit
que je pense
échappe ma poitrine
que je respire

l'âme en ronces

ne reviens pas
hanter mes nuits

ne reviens pas
faire couler mes larmes

laisse le temps
te porter dans l'oubli

l'âme en ronces

tirer un trait
sur notre histoire
notre imparfait
notre espoir

pleurer notre passé puis
continuer de vivre

et enfin

libérer
mon cœur à la dérive

l'âme en ronces

le mois s'achève, dois-je te laisser partir avec ?

l'âme en ronces

nos vies divergents vers des destins
différents, notre chapitre se clôt, une
page se tourne définitivement

en a-t-il été un jour autrement ?

l'âme en ronces

Je t'écris ce soir, l'âme troublée, le cœur serré par ce que je vais t'annoncer. Il faut que je le fasse, et puis tu n'as jamais été autant entourée que ces derniers jours, au fond tu es heureuse, peut-être plus que tu ne l'as jamais été. Je ne veux pas revenir sur un passé qui n'est plus, mais sache que je n'oublie pas. Nous n'oublierons jamais, mais le temps s'écoule et bien malin celui de nous deux qui pourrait s'en moquer. On a grandi, on a changé. Rien de nouveau, certes. Ce constat nous l'avons fait tant de fois déjà. Cela n'empêche évidemment rien : ni la tendresse que l'on se porte, ni nos fous rires.
Mais aujourd'hui, tout cela ne suffit plus. Ces fois où tu me mens, ces fois où tu disparais, ces fois où je me sens trahie, je voudrais pouvoir le supporter comme je l'ai toujours fait, mais je ne peux plus. Je ne veux plus ni de tes excuses, ni de tes promesses, ni même de tes réapparitions. Il y a des actes qui ne s'excusent pas. Cela ne gâche rien au passé mais pour le présent, je suis désolée, cela sera sans moi.
J'ai le cœur déçu d'y avoir cru. J'ai l'âme en ronce d'avoir été trahie une fois de plus, une fois de trop.

l'âme en ronces

J'ai essayé de pardonner, et je crois que je l'ai fait. Mais cela ne change rien, c'est la confiance qui me manque aujourd'hui. Comment pourrais-je te faire confiance après ce qu'il s'est passé ? Ce qui est fait est fait, tu le dis toi-même, si tu le pouvais, tu réparerais. Alors où es-tu ? Mais tu ne peux pas, nous ne pouvons pas revenir en arrière.
Je suis certaine que tu sauras m'oublier. Tu seras heureuse quand même. Même si tu m'aimais bien, tu n'as jamais eu besoin de moi. Tu verras, tu t'en remettras sans doute bien plus vite que tu ne le crois. Ne crois pas que je retire de la fierté de cette épreuve. Tu me manqueras, d'ailleurs, tu me manques déjà. En m'en allant ainsi, je perds une part de moi-même, une de plus, mais je n'ai plus le choix.

pardon, adieu

l'âme en ronces

notre amitié est maintenant une légende qui
gît au fond de ses cendres

l'âme en eonces

Ses promesses ont mis les voiles. Les masques tombent puis se dévoilent. Elle disait « à trois mètres au dessus du ciel et des étoiles ». Pourtant, elle m'a lâchée en plein envol, mon corps s'est fracassé sur le sol. Elle a piétiné mon cœur, sans relâche, l'abandonnant dans un amas de poussières.
Elle m'a balayé d'un revers de la main, sans même daigner regardé une seule fois en arrière.

l'âme en ronces

il n'y avait plus rien
pour nous maintenir unis
pour resserrer nos liens
pour nous faire vivre
jusqu'à demain

l'âme en ronces

j'oublierai avec le temps ce qu'il reste encore de toi

l'âme en ronces

un espace vertigineux s'ouvre entre nous,
tu resteras à jamais un amour inexploré

l'âme en ronces

il ne reste de toi qu'un souvenir
un souffle léger
une pensée qui s'éloigne
et qui m'abandonne avec le temps

l'âme en ronces

il avait plein d'espoir ce cœur, il était même plein d'amour. il était tellement plein qu'il était prêt à en donner à tout le monde mais surtout
à toi

l'âme en ronces

mon cœur parle encore de nous
je te ressens où que tu sois
partout
près

loin
je vis avec
ton souvenir

l'âme en ronces

tout me ramène à toi
immanquablement
à toute heure
de tout temps

l'âme en ronces

il y a dans mes souvenirs, abandonnant
de toi, énormément de moi, mais trop
peu de nous deux à la fois

l'âme en ronces

il faut que tu saches
que j'ai regardé au loin
loin, loin derrière moi
et tu sais
tu y étais encore
dans ma vie

l'âme en ronces

elle a tant souffert. en fait, elle souffre encore.
sa peine est en or, de l'or souillé par le fer

l'âme en ronces

apparence joyeuse
sous des pleurs contenus

l'âme en ronces

mon cœur est devenu
une enclume
remplie par le chagrin
et les larmes
coulant au loin
des écumes

l'âme en ronces

j'aimerais bien arracher les ongles du malheur, lui bander les yeux et changer l'intérieur de son cœur. refroidir la lave de son corps, éteindre ses flammes pour lui donner des couleurs autres que le noir de son âme

l'âme en ronces

comment fermer les yeux dans tout ce bruit
puis le chaos qui le suit

l'âme en ronces

j'ai froid
à la tête, au sang et au cœur

l'âme en ronces

À travers la fenêtre de mes yeux dévastés, j'aperçois un rideau de pluie, de souffrance et de peine qui se referme sur ce monde délabré. Une étrange sensation m'envahit et me laisse ressentir des larmes sur mon visage. Les mêmes qui dévalent innocemment sur les joues d'un enfant, celles que le ciel rejettent de ses entrailles, saccageant tout sur leur passage afin de marquer cette terre de ce dégoût de l'humanité, ce mépris de la vie, de cette tristesse et de ses ravages.

Un éclair fulgurant déchire le ciel de sa foudre, déferlant sa haine et sa colère sur le monde. Cette même colère qui m'habite depuis bien trop longtemps déjà. Une haine contre la vie, contre la mienne, une haine contre la mort, une haine contre moi-même. Une aversion dévastatrice contre le monde qui ne cesse de s'accroître, ignorant quand me quitter afin de submerger mon esprit de son dernier souffle et de m'abattre.

Ce cri de vengeance jaillit et résonne contre les parois du ciel ainsi que celles de mon existence, rebondissant de pensées en pensées tel un tambour qui roule ne s'arrêtant seulement qu'en fin de carrière.

l'âme en ronces

Je contemple avec amertume cette eau purificatrice qui n'atteint pas mon âme, qui s'écoule du vaste ciel comme des bouts de ma chair alors que des gouttes de mon sang gisent encore et toujours sur mon visage blanc. Mais elles étaient ancrées en moi depuis bien trop longtemps, souhaitant s'échapper cependant retenues par cette chose redoutable que l'on surnomme l'amour propre. Acceptant la lune pour seul témoin, je les libère de mon être et de mon âme, les laissant purifier mon visage putride à la lueur de ce croissant, avant de voler en mille fragments d'éclat sur le seuil noir de ma peine et de mes tourments.

l'âme en ronces

il ne reste plus que des cendres
aucune base solide
pour reconstruire
une plage éclairée
par un soleil éclatant

seulement l'espoir
qu'une brise souffle
suffisamment fort
pour évacuer la peine

l'âme en ronces

tu n'es plus que l'ombre funeste de l'oubli

l'âme en ronces

il n'y a de silence plus lourd que celui de l'être aimé

l'âme en ronces

si je le pouvais, je t'écrirais une lettre avec des mots qui te fendraient le cœur en deux en espérant que cela te décide à m'en donner au moins la moi tié

l'âme en ronces

ce n'est pas toi qui me fait hurler de peine

c'est moi

l'âme en ronces

que reste-t-il de nous ?

un peu de vagues souvenirs
et quelques mots d'amour sans éclats

l'âme en ronces

j'aurais voulu te dire non
n'y va pas
reste ici
reste avec moi
mais je n'ai pas osé
je me suis tue
je l'ai juste pensé
à ton insu

l'âme en ronces

comment peut-on faire coller nos vies l'une
à l'autre alors qu'elles sont si différentes ?

l'âme en ronces

Partir.

Partir loin, très loin, s'isoler, ne rien ressentir, ne rien entendre, arrêter ma respiration car son bruit assourdit mes oreilles. Partir, me déconnecter de la vie, de moi, de tout. Oublier le monde, la vie, m'oublier moi-même,
oublier mon existence. Ne rien savoir, ne rien comprendre, ne rien ressentir. S'envoler ailleurs, fuir pour un moment et ne plus être là, ne plus avoir de corps, rien qu'une petite pause de la vie. Couler dans un océan, couler profondément, plus légère qu'un caillou et plus lourde qu'une plume, couler dans l'obscurité caressée par la touche délicate de l'eau, couler vers l'infini. M'oublier, t'oublier, oublier ce qu'un jour m'a fait joie au cœur pour ne plus en faire ma douleur. Échapper à tout, t'échapper, toi qui un jour étais le doux soleil de mes jours.
S'aveugler, m'aveugler, ne plus revoir ton visage qui traçait un beau sourire sur le mien, ne plus revoir ton visage qui inspire mes larmes.

l'âme en ronces

mon cœur est enflammé, pourtant à chaque fois,
je ne le laisse pas brûler

l'âme en ronces

la peur de débouler
les escaliers du bonheur
se tromper de mains
cueillir les mauvaises lèvres
recommencer encore et encore
la catastrophe
dans ma poitrine

l'âme en ronces

parfois vaut mieux ne pas s'accrocher quand le
tonnerre gronde trop fort

l' âme en ronces

Je t'en ai voulu, longtemps. Très honnêtement, je ne vois pas trop comment j'aurais pu réagir autrement. J'aurais pu te remercier de me quitter, me réjouir que tu me rendes ma liberté, enfin.
Au lieu de ça, j'ai pleuré et j'ai attendu. Des jours, des semaines, voire des mois entiers. Je ne voulais pas la regarder en face, cette réalité qui me faisait comprendre que ma vision de l'amour était complètement erronée.
Longtemps, j'ai cherché à comprendre le pourquoi du comment on en était arrivés là. Comme à chaque fois, je ne me suis pas posé les bonnes questions. Pourquoi, comment et le combien alors, ne comptaient-ils pas ? Combien de déceptions, de peines, de violences nous étions-nous déjà infligés ? J'ai mis du temps, mais j'ai fini par concevoir que ce n'était pas plus mal que notre histoire s'achève. Nous méritions définitivement mieux que ce que l'on était capables de s'apporter l'un à l'autre.
C'est quand même invraisemblable, d'avoir pu prétendre tant de temps sans se rendre compte à quel point on était à côté, à quel point on s'est trompés. J'espère qu'un jour, aussi lointain soit-il, nous serons capables de pardonner.

l'âme en ronces

je nous dénoue, je nous délie,
s'efface le « nous », je deviens libre

l'âme en ronces

brutalement, le vent a tourné les pages
il s'est glissé entre les lignes
m'a effleuré le visage

il me faisait signe

le calme s'est rétabli
notre livre s'est refermé

c'était un adieu digne

pétales d'amour

l'âme en ronces

les personnes que tu côtoies
ont une chance sans nom
de partager
ta bulle
tes rires

l'ombre de tes sourires

l'âme en ronces

> il n'y a aucune façon plus simple de te dire que je manque de toi
> j'ai l'impression de perdre des pièces de casse-tête depuis longtemps
> mais avec toi, j'en récupère avec le temps je veux que tu restes maintenant, toujours, tout le temps

Distribué

l'âme en ronces

penser à toi
à en oublier de vivre
je sens toujours
ton âme papillonner
autour de moi
ton cœur frôler
mon existence

regarde le ballet des étoiles. elles dansent pour nous. elles dansent, pour rendre le ciel aussi beau que notre histoire

l'âme en ronces

tu es apparu dans ma vie
au moment où
j'en avais le plus besoin
tu étais l'étoile qui
manquait pour enligner
les miennes

l'âme en ronces

tu as été
comme un second souffle
pour moi
une bouffée d'air frais
un vent nouveau
un tournant dans cette vie
que je n'aimais plus

l'âme en ronces

je te l'ai dit tant de fois et pourtant, jamais ces mots
ne perdront de leur puissance

je t'aime

l'âme en ronces

te souviens-tu comme c'était tendre, nos cœurs qui battaient à s'entendre ?

l'âme en ronces

je me souviendrai
toujours de toi
du bout de vie
que nous avons partagé
ensemble
du chemin parcouru
du son de nos secrets
et de la couleur
de notre vie

l'âme en ronces

souviens-toi de nous

un trait d'union dans nos vies : en pointillé,
sensible, si présent et si palpable

l'âme en ronces

comme une envie
de caresser tes larmes
effleurer tes joies
cueillir le mystère
de tes yeux

l'âme en ronces

> j'ai le manque de toi. de ton cœur en rayons de soleil et de ta manie de faire sursauter ma vie

Distribué

je me prends, à rêver,
à nous imaginer
partager un café,
peut-être une destinée

l'âme en ronces

je conçois l'amour
comme un grand partage
comme deux cœurs
deux âmes
qui se fondent
en une seule
comme une confiance commune
une envie mutuelle
quelque chose de grand
d'invincible

l'âme en ronces

je me demande si tu penses
un peu à moi

si tu te souviens
des silences
et des moments   **j'étais à toi**
intenses

de ce sentiment
 si fort
presque irréel
j'étais là

l'âme en ronces

je t'ai aimé dans le bruit
et jusqu'au bout du silence

l'âme en ronces

même si tu mérites
mieux que tout cela
mieux que des poèmes
sache qu'il n'y a que toi
que ma peau aime

l'âme en ronces

depuis toi, je respire
j'ai le cœur qui bat au son de tes rires

l'âme en ronces

je t'aime d'un amour qui respire sans s'étouffer

l'âme en ronces

je songe à toi
jour et nuit
tout est calme
à part un bruit
des battements
de cœur
un peu même
très fort

l'âme en ronces

j'ai réalisé avec le temps
que c'était cela
la plus originale
qualité de l'amour :

*sa capacité
à faire battre le cœur
et à battre le cœur*

l'âme en ronces

tu auras bouleversé
chaque parcelle
de ma personne
un volcan
un séisme
une vague immense
et ravageuse

l'âme en ronces

souviens-toi qu'on s'est aimé
comme on était heureux
comme on fonçait
têtes baissées vers l'horizon
en se promettant
qu'on jour
         on l'atteindrait

l'âme en ronces

éclairée par le soleil levant, je veux te voir devant,
à l'horizon et en moi

l'âme en ronces

pends mon cœur à ton cou

l'âme en ronces

je t'aime en myriades de battements

l'âme en ronces

tu allégeais mon esprit
allongeais mon sourire.

au grand jamais
je ne laisserai échapper
ton souvenir

l'âme en ronces

et je me suis dit
que jamais aucun
autre baiser
ne pourrait secouer
mon âme
comme les siens
avec lui c'était
tellement fort
tellement nouveau
tellement nous

l'âme en ronces

un feu d'artifice
un tremblement de joie
tu es un peu de tout ça

avec toi
je sens la vie frémir
au bout des doigts

l'âme en ronces

je te remercie d'être là
fidèle quand les autres
ne le sont pas
merci pour cet amour
au quotidien
et pour ces mots
qui m'apaisent un à un
tu me relèves
doucement

l'âme en ronces

elle a émergé de l'aquarelle de mes nuits,
elle a dansé sur le ciel de ma vie

l'âme en ronces

quand les oiseaux ne se poseront plus sur les branches des arbres, que les écorces n'auront plus d'âme, il restera toujours une de mes plumes sur ta paupière pour croire au ciel et à toutes ses petites bricoles

l'âme en ronces

elle est forte lorsque de l'eau salée
ruisselle de ses yeux d'or

l'âme en ronces

j'aimerais ressentir la chaleur d'un
baiser et le brasier d'un je t'aime

l'âme en ronces

je n'ai jamais entendu mon cœur battre aussi fort

il porte ton nom

l'âme en ronces

est-ce que l'on se retrouvera un jour ?

est-ce si fou de croire qu'après tant de vagues, de tempêtes, nous puissions nous retrouver ?

l'âme en ronces

retrouve-moi avant que je me perde

l'âme en ronces

je t'aime à un degré qui ne cesse d'augmenter
le réchauffement romantique

l'âme en ronces

au fond de moi,
c'est ton prénom que je respire

l'âme en ronces

j'ai vu en toi
en ton être tout entier
quelque chose que je n'ai pas
et que j'ai toujours cherché

l'âme en ronces

j'ai peur de t'aimer pleinement, si tu savais à quel point mon cœur perd le contrôle de ce sentiment

l'âme en ronces

mon cœur doit se permettre d'en aimer un autre
sans le lien qui me relie à toi puisque

ce n'est pas toi

l'âme en ronces

si tu n'existais pas,
mes rêves auraient-ils vraiment pu naître ?

l'âme en ronces

tu me colles à la peau
comme si tu faisais
partie de moi
tu me colles à la peau
comme une pensée
qui refuse de s'effacer

l'âme en ronces

dîtes-lui que ses doigts
sur mon corps
ont laissé leur empreinte
et réchauffé ma peau
que j'ai soif
de sa voix
de ses mains
et de ses mots

l'âme en ronces

écrire ton nom sur le temps
pour qu'il grave un morceau de toi sur mon avenir

te souviens-tu de nous ?

des bouts de rêves, des confidences
murmurées la nuit, des bouts de vie,
de paradis

l'âme en ronces

j'aimerais
entremêler l'amour
que j'ai pour toi
avec des tours de valse
des dimanches
au soleil
et des rêves
dans le ciel

l'âme en ronces

mon esprit te pense à chaque instant, il
vagabonde vers toi comme une caresse

l'âme en ronces

mon cœur trébuche
et doute
il s'épuise
et redoute,
mais il revient

toujours

l'âme en ronces

chaque histoire a gravé en moi son plus bel instant

la nôtre est ma préférée

l'âme en ronces

je me souviendrai toujours de toi
du bout de notre vie
du chemin parcouru
du son de nos secrets
et de la couleur de notre vie

l'âme en ronces

un jour, je sortirai de ce brouillard qu'est notre histoire. je regarderai le soleil et je marcherai à nouveau sur le bon chemin
jusqu'au prochain

l'âme en ronces

j'ai clamé à chaque filament de ma peau de laisser se noyer aux creux des vagues bleutées, ce manque ardent gravé au plus profond de mes os

l'âme en ronces

je ne suis plus soumise à ton univers

l'âme en ronces

un jour l'étincelle se rallumera dans mon être
comme un feu réanimant son foyer

l'âme en ronces

j'ai décidé d'apaiser
le passé
et de devenir
par tous les moyens
quelqu'un
je brillerai
comme un soleil
et je sortirai des
ténèbres
de la vie

l'âme en ronces

tréfonds

je ne sais pas vraiment ce qu'il s'est passé. c'est comme si, petit à petit, j'avais perdu le contrôle de ma vie. sauf qu'en réalité, je ne l'ai jamais vraiment acquise

l'âme en ronces

le passé crève, sans doute un peu tôt

l'âme en ronces

j'ai grandi la peur au ventre et la culpabilité gravée dans l'épiderme en victime silencieuse, mais je ne le savais pas

l'âme en ronces

sur ma chair des empreintes à perpétuité

terreur d'enfant

l'âme en ronces

ses doigts sales naguère posés
sans permission sur ma peau
avec pour seule pensée lubrique
que de cueillir la fine fleur

l'âme en ronces

avec mon corps, enfer forgé
ravagé de roses fanées

l'âme en ronces

mon cœur pleure de souffrance, par dessus mes cratères se forment de nouvelles blessures

l'âme en ronces

à tous nos « au secours » qui n'aboutissent pas

l'âme en ronces

viol

de l'esprit de l'âme
s'envolent mes larmes
où sont les repères
du bien et du mal
où sont les barrières
du fou, du normal
mains que l'on repoussent
regards détournés
sourires et secousses
tout est déformé
la voix ne crie plus
le regard se vide

l'âme en ronces

nos combats sont personnels, certains sont intérieurs, d'autres extérieurs

« tes caprices »

mon combat intime

l'âme en ronces

douleur immortelle
fardeau perpétuel
délivrance tardive
suis-je fautive ?

l'âme en ronces

un regard terrifié par de sombres angoisses. Bam! tu trébuches et les voilà tous hilares. la douleur s'amplifie, dans ta poitrine ton cœur se froisse, se déchire, s'envole et s'évapore. tu rêves que tout s'arrête, les moqueries, les violences. du fond de tes yeux s'écoulent de tristes météores, des larmes tombent dans le creux de tes mains

la personne que ces gens pensaient connaître n'est plus là, plus personne ne la reverra. je suis devenue beaucoup plus forte que ce que je croyais
> **que ce qu'ils croyaient**

tout se passe à l'intérieur. je n'ai plus la passion, ni le courage. tout est comme un orage. je voudrais finir mon heure. les éclairs et le tonnerre ne font qu'augmenter la rage. tout se passe à l'intérieur, mais qui m'a volé mon bonheur ?

l'âme en ronces

Et ce jour là, tu t'écroules lourdement sur le sol après t'être abondamment abreuvée de quelques dizaines de verres pour te détacher des choses mortifiantes de ton existence.
Tu ne comprends pas pourquoi cela ne fonctionne pas. Pourquoi l'ivresse ne dissipe pas les traumas du passé, ancrés dans ton foutu esprit dérangé. Puis, tu sombres dans l'interdit, l'âme tourmentée.
Inconsciemment, tu te terres et te mures dans le silence. Tu restes pleinement submergée de médisance. Le baume au cœur, tu t'enflammes et brûles de l'intérieur. Et tu le sens au plus profond de ton être que les affres du désespoir font fureurs.

l'âme en ronces

la dépression, c'est la sensation d'un couteau sur mon poignet. c'est l'odeur de moisissure dans un cercueil. c'est le goût des larmes qui coulent jusqu'à mes lèvres

c'est une tranche de vie qu'il me faut supporter

l'ame en ronces

aucune envie de me lever ce matin pour
voir une nouvelle rose noire naître et une
autre rose rouge mourir

écœurée de me battre, j'ai pris la voie facile. pardonnez-moi, je n'en pouvais plus. rien ne laissait présager un tel acte de ma part puisqu'on me croyait quand je disais :

« je vais bien »

qui se serait douté que je rêvais de la mort ?

l'âme en ronces

si un jour
ma plume s'estompe
c'est que
je serai déjà
enterrée

l'âme en ronces

sans doute ma peine a-t-elle précipité ma fin

je ne suis plus que mélancolie, la vie est triste. c'est à peine si j'existe

je m'écorche au lendemain

l'âme en ronces

Vendredi 17 mars 2023,

Date fatidique.

J'ai mal. La souffrance atteint son paroxysme, elle est innommable. J'atteins mes limites. La vie en ce monde m'est insoutenable. C'était comme si mon esprit ne m'appartenait plus. Ma raison d'être non plus.

Ce soir-là, c'était sans issue.

Ce soir-là, je décide de mettre fin à mes jours.

[…]

Mardi 28 mars 2023,

J'ai 23 ans, et c'est la première fois de ma vie que j'accepte de l'aide. J'ai 23 ans, et pour la première fois de ma vie, je me sens comprise sur le plan de l'écoute et de l'accompagnement. J'essaie tant bien que mal de parler, de comprendre, de mettre des mots sur des émotions, sur des passages traumatisants de ma vie.
J'accepte et j'avance doucement. Étape par étape. La lutte est permanente. C'est usant mais nécessaire.

ma « survie » dépend de mon suivi.

l'âme en ronces

Vendredi 31 mars 2023,

Il m'arrive encore de lâcher prise.

Dans ces moment-là, je m'accroche pour rester à la surface et ne pas me faire entraîner vers l'abîme. Je trouve refuge auprès de ma famille. Je trouve une occupation avec quelqu'un. Il peut s'agir d'une simple balade, mais dans tous les cas, quelque chose que je ne fais pas seule et qui me change les idées. Je suis très bien entourée et accompagnée, à tous points de vue.
Désormais, je sais que je n'aurai plus la volonté d'attenter à ma vie par égard pour ma famille. Malgré tout ce que j'ai pu endurer, présentement, j'ai encore un peu d'espoir. Je suis en quête de positivité, de reconstruction. Je me dis que j'ai suffisamment souffert pour toute une vie, et donc que le reste devrait m'être plus vivable. Je me le souhaite. Je sais qu'il me faudra du temps pour remonter la pente, retrouver un apaisement intérieur.
Je parviens doucement à retrouver le goût de vivre et c'est déjà un grand pas. Cette date marquera à vie la plus belle erreur que je n'ai jamais commise.
Le passage à l'acte n'est pas une fatalité. Il existe toujours une porte de sortie, une solution tout autre.

l'aide existe et aujourd'hui, j'accepte de vivre

floraison

l'âme en ronces

j'existe
mais j'espère « vivre »

l'âme en ronces

je me modifie, jour après jour, pour garder
intacte ma volonté de vivre

l'âme en ronces

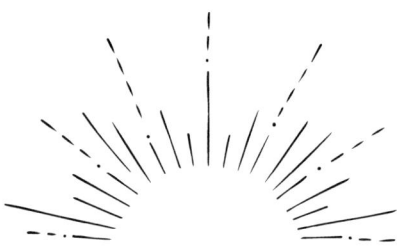

je sais que je suis capable de me trouver
un soleil au milieu des ténèbres

l'âme en ronces

au fond, tout au fond, brûle encore une flamme qui ne s'éteindra jamais. certains l'appellent Dieu, ou autrement, peu importe. cette flamme est suffisante, elle est ma plus belle réussite

l'âme en ronces

je me tourne en tout sens
à la recherche d'un guide
d'un modeste refuge
ou d'un coin de lumière

l'âme en ronces

une promesse
un espoir
un coin de ciel
bleu

l'âme en ronces

je veux vivre, vivre avec le cœur, vivre pour
chaque moment qui file

laissez-moi goûter à une ombre de bonheur

l'âme en ronces

j'ai besoin de pluie, de soleil et de lumière
rose rouge

l'âme en ronces

et puis un jour

j'ai ravivé mon âme

réchauffé le bois

de ma flamme

de vivre

l'âme en ronces

je me suis levée en ayant moins mal. j'ai recommencé
à sourire, mon cœur lui, à se gorger de vie

l'âme en ronces

une semence de rose
rouge que j'ai alors
plantée

à présent, je vais te
regarder grandir
t'arroser
pour que tu
atteignes le ciel
t'aimer
t'offrir des rayons de
soleil et prendre soin
de toi

l'âme en ronces

je suis enfin sorti de mon silence
j'ai saisi ma chance
pour tenter de sortir de l'obscurité
vivre enfin cette existence

et de ces mauvais souvenirs
renaître pour ne plus souffrir
connaître enfin un bel avenir